Los trabajos de los perros

Los perros de búsqueda y rescate

por Marie Brandle

Bullfrog
en español

Ideas para padres y maestros

Bullfrog Books permite a los niños practicar la lectura de textos informativos desde el nivel principiante. Las repeticiones, palabras conocidas y descripciones en las imágenes ayudan a los lectores principiantes.

Antes de leer

• Hablen acerca de las fotografías. ¿Qué representan para ellos?

• Consulten juntos el glosario de las fotografías. Lean las palabras y hablen de ellas.

Durante la lectura

• Hojeen el libro y observen las fotografías. Deje que el niño haga preguntas. Muestre las descripciones en las imágenes.

• Léale el libro al niño o deje que él o ella lo lea independientemente.

Después de leer

• Anime al niño para que piense más. Pregúntele: ¿Sabías acerca de los perros de búsqueda y rescate antes de leer este libro? ¿Qué más te gustaría saber sobre ellos?

Bullfrog Books are published by Jump!
5357 Penn Avenue South
Minneapolis, MN 55419
www.jumplibrary.com

Library of Congress Cataloging-in-Publication Data

Names: Brandle, Marie, 1989– author.
Title: Los perros de búsqueda y rescate / por Marie Brandle.
Other titles: Search and rescue dogs. Spanish
Description: Minneapolis: Jump!, Inc., 2022.
Series: Los trabajos de los perros
Includes index. | Audience: Ages 5–8
Identifiers: LCCN 2021034385 (print)
LCCN 2021034386 (ebook)
ISBN 9781636904122 (hardcover)
ISBN 9781636904139 (paperback)
ISBN 9781636904146 (ebook)
Subjects: LCSH: Service dogs—Juvenile literature.
Rescue dogs—Juvenile literature.
Classification: LCC SF428.73 .B7318 2022 (print)
LCC SF428.73 (ebook) | DDC 636.7/0886—dc23
LC record available at https://lccn.loc.gov/2021034385
LC ebook record available at https://lccn.loc.gov/2021034386

Editor: Eliza Leahy
Designer: Molly Ballanger
Translator: Annette Granat

Photo Credits: Figure8Photos/iStock, cover; cynoclub/iStock, 1, 12; chrisbrignell/Shutterstock, 3; Dale A Stork/Shutterstock, 4, 23bl; Philartphace/iStock, 5, 23bm; Dan Edwards/Dreamstime, 6–7, 23tr; ZUMA Press, Inc./Alamy, 8–9, 23tl; Jochen Tack/imageBROKER/SuperStock, 10–11, 23br; Michal Fludra/Alamy, 13; Belish/Dreamstime, 14–15; Belish/Shutterstock, 16–17, 22br, 23tm; Serge Mouraret/Alamy, 18; Biosphoto/SuperStock, 19; ITAR-TASS News Agency/Alamy, 20–21; Jim Parkin/Shutterstock, 22tl; home for heroes/Shutterstock, 22tr; Massimo Todaro/Shutterstock, 22bl; Eric Isselee/Shutterstock, 24.

Printed in the United States of America at Corporate Graphics in North Mankato, Minnesota.

Tabla de contenido

¡Al rescate!.. 4

En el trabajo..................................... 22

Glosario de fotografías....................... 23

Índice 24

Para aprender más............................ 24

¡Al rescate!

A este cachorro lo están entrenando.

¿Por qué?

Él va a tener un trabajo importante.

¡Él rescatará a la gente!

5

Los perros de búsqueda
y rescate tienen
buenas narices.

Las utilizan
para olfatear.

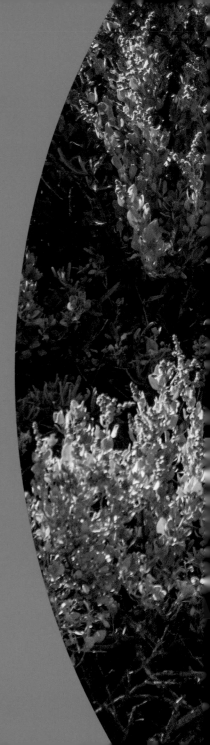

Esta perra encontró el aroma de una persona.

Ella sigue el olor.

Hubo un terremoto.

Las personas se quedaron atrapadas.

Este perro inspecciona el lugar para encontrarlas.

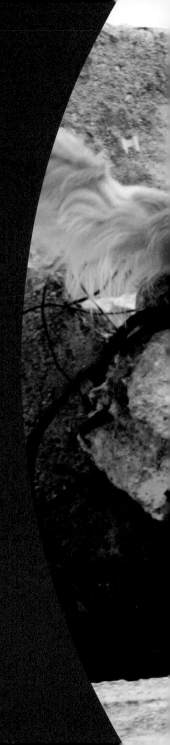

Este perro de búsqueda y rescate sabe nadar bien.

Tiene puesto un chaleco salvavidas.

chaleco salvavidas

¡Él se tira al agua!

13

Una persona está atrapada en la nieve.

¡Una perra de búsqueda y rescate la ayuda!

entrenador

Ella encontró a alguien.

¡Guau! ¡Guau!

Esto le avisa
al entrenador.

Este perro de búsqueda y rescate trabaja en un barco.

helicóptero

Este vuela en un helicóptero.

19

Estos perros trabajan mucho.

¡Ayudan de muchas maneras!

En el trabajo

Los perros de búsqueda y rescate tienen muchos trabajos. ¡Échales un vistazo a algunos de ellos!

Buscan a la gente que se pierde en la naturaleza.

Ayudan a encontrar a gente después de los terremotos.

Rescatan a gente en el agua.

Buscan a gente en la nieve después de las avalanchas.

Índice

aroma 9

barco 18

entrenador 17

entrenando 4

helicóptero 19

inspecciona 10

nadar 12

narices 6

nieve 14

olfatear 6

terremoto 10

trabajo 5

Para aprender más

Aprender más es tan fácil como contar de 1 a 3.

❶ Visita www.factsurfer.com

❷ Escribe "losperrosdebúsquedayrescate" en la caja de búsqueda.

❸ Elige tu libro para ver una lista de sitios web.

Glosario de fotografías

aroma
Un olor que algo o alguien deja.

entrenador
Una persona que entrena o controla un animal.

inspecciona
Explora o examina con cuidado para encontrar algo o a alguien.

olfatear
Oler al tomar inhalaciones cortas a través de la nariz.

rescatará
Salvará del peligro.

terremoto
El temblor de una parte de la superficie de la Tierra.